東坡帶你遊海南

Let Dongpo Be Your Hainan Tour Guide

海南省旅游和文化广电体育厅 编

南方出版社
海口

图书在版编目（CIP）数据

东坡带你游海南 / 海南省旅游和文化广电体育厅编.
海口：南方出版社, 2024. 8. -- ISBN 978-7-5501
-9176-1

Ⅰ. K928.966

中国国家版本馆CIP数据核字第2024AY7442号

东坡带你游海南

DONGPO DAI NI YOU HAINAN

编制单位　海南省旅游和文化广电体育厅
策　　划　海南古月心文化创意有限公司
责任编辑　王　伟
版面设计　陈明智
插画绘制　刘小倩、刘帅显
支持单位　海南苏轼文化教育基金会、海南省苏学研究会

出版发行　南方出版社
地　　址　海南省海口市和平大道 70 号
邮　　编　570208
电　　话　0898-66160822
传　　真　0898-66160830
印　　刷　海南欣华丽印刷有限公司
版　　次　2024 年 8 月第 1 版
印　　次　2024 年 8 月第 1 次印刷
开　　本　787 mm × 1092 mm 1/16
印　　张　9.375
字　　数　160 千字
定　　价　93.00 元

说明：本书标题字体与印章选自苏轼书法作品《中山松醪赋》《答谢民师帖》《渡海帖》《前赤壁赋》，其中“带”“你”二字由苏轼相关书法字体笔画组合而成。书中所选“东坡诗文”版本主要参考《苏东坡全集》（曾枣庄、舒大刚主编，中华书局，2021版）与《新版东坡海外集》（林冠群编注，新华书店，2015版）。

前言

沧海何曾断地脉，东坡带你游海南。

在全国上下深入学习贯彻习近平文化思想的新时代大背景下，在海南自贸港建设的历史进程中，如何挖掘并激活海南优秀传统文化，为自贸港文化发展赋能？东坡文化研究与传播是重要路径之一。如何实现并推进文旅融合，让海南的自然风光、社会生活和历史文化资源互相激荡生发，成为可仰望、可亲近、可落地的旅游文化产品？相信这本《东坡带你游海南》是有效抓手之一。

随着 2023 年首届中国（海南）东坡文化旅游大会隆重召开，东坡主题的论坛、会展、演艺、赛事异彩纷呈，吸引了越来越多的岛内外、国内外游客。四海宾朋和八方苏迷来到海南，都希望走东坡走过的海南山水，吹东坡吹过的海南椰风，吃东坡吃过的海南美食，读东坡写过的海南诗文，听东坡讲过的海南故事，最好是能和东坡坐在海滩上，手捧着椰子，足足地咂一口唇齿留香的椰子水，一起回味东坡在海南的分分秒秒。

伴随着中国（海南）东坡文化旅游大会的春风，海南省旅游和文

化广电体育厅召集省内外苏学研究学者、旅游产品策划推广专家和摄影、美术等领域专门人才，设计旅游路线，探访旅游景点，挖掘旅游文化内涵，整合东坡文化相关的各类资源，将美景、美食、美图、美文荟萃一册，创编了这本《东坡带你游海南》。

众所周知，善良的海南人民陪伴了东坡，美丽的海南风光滋润了东坡，淳朴的海南风情温暖了东坡，雪泥鸿爪的命运淬炼了东坡。民生上，他指凿双泉、儋州挖井、劝农易俗、推广医药、敦睦乡邻、敷行教育。文章上，他写海南的地理：四州环，百峒蟠，山山水水月半弯；他写海南的动物：蛇鼠蛙，五色雀，静看月窗蜥蜴盘；他记海南的植物药物：写果果，燎沉香，花花草草千金方；他记海南的衣食：四坛酒，一桌饭，吉贝衣衫椰子冠；他写海南的人民：黎子云，春梦婆，读书儿郎声朗朗……当然还有，苏东坡在岛上克服种种困难，调整内心，超越自我，写下几百篇诗文，完成三部哲学著作，这种令人景仰的心灵功业值得后世铭记。东坡以其民生功业之善、文章功业之美、心灵功业之真，实现了人生境界的升华。

一滴水可以照见太阳，一座海南岛可以玉成东坡；一册在手，东坡引领，让您畅游海南。

海南是幸运的，

因它拥有辽阔的 200 万平方公里的海域和

3.54 万平方公里的美丽岛屿；

海南是幸运的，

因那绵延的海岸线、美丽的海湾、峻挺的山峰、

万亩国家级森林公园、多处天然的温泉……

除了拥有碧海蓝天的浪漫外，

还有热带雨林的惊喜；

海南是幸运的，

还因那万众瞩目的东坡先生。

东坡文化在海南的印记独一无二，

他的足迹遍布琼山、澄迈、临高、儋州、昌江一线，

这是东坡走过的海南；

东坡在海南三年零十天的岁月里创作的

近三百篇诗文又堪称一部海南风物志或者百科全书，

海南岛的自然山川、动植物、茶香药以及

老百姓的衣食住行、民族风情尽在其中，

这是东坡写过的海南。

这本《东坡带你游海南》就是要将东坡走过的海南和

东坡写过的海南呈现在读者与游客面前。

让我们现在就出发吧，

一同开启寻东坡足迹、听东坡故事的旅程！

目录

通湖飞阁

西线

東坡帶你遊海南

西部线路图

五公祠

海口市琼山区169号

永庆寺

澄迈县永庆大道10号

通潮阁遗址

澄迈县老城城西

东坡唐佐纪念园

澄迈县金马大道国社村

罗驿村

澄迈县老城镇白莲区

大丰村

澄迈县大丰镇

苏来村

临高县临新路

儋耳山

儋州市木棠镇

七里村

儋州市中和镇

宁济庙

儋州市中和镇513县道西

桄榔庵

儋州市故城路X513国道

东坡井

儋州市故城路X513国道

东坡书院

儋州市中和镇吉贝路中心大道30号

苏东坡历史文化艺术馆

儋州市滨海大道100号海花岛1号岛

云舍松涛

儋州市南丰镇油文村

峻灵明王庙

昌江黎族自治县峻灵明王古庙

棋子湾

昌江黎族自治县观海路

蘑菇屋

昌江黎族自治县沙渔塘村68号

莺歌踏浪驿站

乐东黎族自治县海南环岛旅游公路

五公祠内有一匾：南溟奇甸。匾文出自明太祖朱元璋《劳海南卫指挥敕》：“南溟之浩瀚，中有奇甸。”海南先贤丘濬依此撰写了《南溟奇甸赋》，描绘故乡风物。南溟是南方的大海，奇甸是水中奇异的小岛，即指中国南海中一块奇异的地方——海南岛。所以“南溟奇甸”也成为海南的代称。

海口 五公祠

五公祠，建于清光绪十五年(1889)，由雷琼道台朱采督建，是为纪念唐宋年间被贬海南的五位贤臣名相——李德裕、李纲、赵鼎、胡铨和李光而建。

五公祠的东侧是苏公祠，原名“二苏祠”，主要纪念苏轼、苏轼三子苏过和苏轼的学生姜唐佐。

东坡故事

苏公祠边上有一株白梅。相传东坡先生是著名的合香高手，对香有着深入研究。当年为合出早春梅花初绽的香气，用七年时光不断尝试，终于在一个春雪之日恰好合成，因此取名“雪中春信”。

而苏公祠的这株梅花生长在常年无雪的南国，别有一番香气。

公元 1097 年东坡先生登岛，借住琼州馆驿，发现此地百姓饮用水很不卫生，便在附近勘察，指出有两处可凿井。人们依他所指挖掘，果然凿出两处井泉来。浊者名“洗心泉”，清者名“浮粟泉”。琼管帅守陆公仰慕苏轼，在井上修建亭子。

东坡北归时，陆公盛情请他为亭命名，东坡起名“洞酌”，并赋《洞酌亭》。

东坡诗文

洞酌亭

酌彼两泉
挹彼注兹
一瓶之中
有渑有淄
以瀹以烹
众喊莫齐
自江徂海
浩然无私
岂弟君子
江海是仪
既味我泉
亦哜我诗

元代，人们在东坡曾经读书的地方建起了东坡书院，该书院成为海南重要的教育场所，之后曾更名为粟泉书院、苏泉书院，在乾隆二十二年（1757），书院学生林淇禄掘地得苏东坡石像一尊，于是恢复东坡书院的名称。

五公祠不乏历代名人到访，至今仍藏颇多碑刻墨宝。

其中，《神霄玉清万寿宫诏碑》为海南现存时代最早的碑刻之一，是道教在海南传播历史的最早实物，对研究海南宋代政治、文化、道教发展历史具有重要的史料价值。

镇祠之宝

苏文忠公像碑

五公祠记载着海南的历史沧桑，是海南文化内涵最丰富、历史底蕴最厚重的名胜古迹，是了解海南历史、政治、文化、民俗变迁和发展的窗口。

东坡笠屐图碑

东坡的旅行笔记·海口篇

东坡用“六无”描述了当时来到海南生存环境之艰辛：“食无肉，病无药，居无室，出无友，冬无炭，夏无寒泉。”他把吃放在第一位，在海南难能吃到猪羊等牲畜的肉，海南四面环海，偶有村民送来捕获的海产品，东坡便高兴不已。

在海南现今有一道食俗——无鸡不成宴，如果东坡先生今天能来海南，可以保他天天有鸡吃。

五公祠

附近美食店铺分享

海南菜

村口大食堂·海南簸箕饭·烧鸡（府城店）

厨房好味（兴丹店）

椰小鸡·椰子鸡（金鹿城店）

新海府和乐蟹粥（红城湖店）

琼菜人家（海口富力店）

北纬十八度椰子鸡(国兴店)

琼州往事里·公馆·中国海南菜(国兴里店)

姥佰娘·海南市井小厨(昌茂店)

武堂主·海南糟粕醋火锅(龙兴公馆店)

茶　点

德福里老爸茶(金鹿店)

红城福传统老爸茶(红城湖店)

其他菜系

炳霖猪肚包鸡(金鹿城店)

红牛仔百香园(皇家花园店)

注：以上具体信息以实际为准

附近景点

海瑞故居

海南省博物馆

海口骑楼老街

海口钟楼

万绿园

白沙门公园

火山口国家地质公园

交通说明

自驾游停车推荐：

五公祠地下停车场

公共交通推荐：

1 路、4 路、14 路、16 路、27 路、38 路、41 路、44 路、99 路、106 路、G37 路、机场 2 路、机场 3 路、机场巴士 1 号线、机场巴士 2 号线、机场巴士 4 号线、夜 1 路、游 7 路。

附近住宿

海口香江国际温泉大酒店

丽怡酒店

涵唐酒店

海口九道湾精品酒店

海口大河时尚酒店

自游岛酒店

注：以上具体信息以实际为准

本地老饕推荐

- **ATOZ Cafe**
- 阿浪海鲜（海口宾馆店）
- 黄平记斋菜煲
- 十三小焖面
- 大同里饭店
- 二水炒鸡店
- 恒兴发茶店（十三小店）
- 聚福安·传统老爸茶（大英店）
- 亚妹正宗海南粉店（骑楼老街店）
- 吴日彪蒜香猪牛排（水巷口店）
- 姚记老字号辣汤饭店（水巷口店）

注：以上具体信息以实际为准

澄迈 永庆寺

永庆寺，琼北名寺，禅林圣地，乃古代“澄迈八景”之一。位于海南省澄迈县老城开发区盈滨半岛，2009 年 4 月 22 日，永庆寺重建落成，为现今琼北地区规模最大的佛教寺院。寺院占地约 80 亩，建筑面积约 9200 平方米。

宋绍圣四年(1097)六月二十二三日，苏东坡离开琼山。二十四五日到澄迈，看望赵梦得，永庆寺是当时琼北众生禅林圣地，距离老城通潮驿不过三四里路，步行可至。

苏东坡迁琼，南渡和北归都可能经过永庆寺。东坡信佛教，有佛缘，自号“东坡居士”，与当时名僧交厚，在海南期间写下《十八大阿罗汉颂》。

最美藏经阁

永庆寺藏经阁位于大雄宝殿后方，建筑精美，寺又临海，风景秀丽，被称为“最美藏经阁”。在这里可以品香、抄经、读书，尝一尝永庆点心。

品香

抄经

读书

永庆寺内出售素面，味道可口，在佛门清净之地吃上一碗素面，个中美妙难以名状也。

素面菜谱

1. 熬制菌汤
2. 加入胡萝卜、黄花菜、黑木耳
3. 放入面丝细腻的龙须面

素面味道鲜美可口，同时菌类有丰富的营养，有促进新陈代谢、提高免疫力的功效。

澄迈 通潮阁遗址

通潮阁，北宋乾德初年建。位于海南省澄迈县老城城西，澄江水畔，因“潮水依城”，故名通潮阁。阁门正中墙嵌有“通潮飞阁”四个大楷字，为古澄迈八景之一。

通潮阁历代均有重修，最后毁于1945年间侵华日军的战火。据史载，通潮阁为正方形砖木结构，高约8米，二层楼，阁门正中墙上嵌有楷书“通潮飞阁”四字。目前，澄迈县政府正在筹划重建通潮阁。

东坡故事

东坡先生渡海来琼，曾夜宿通潮阁，作《澄迈驿通潮阁二首》。

东坡诗文

澄迈驿通潮阁二首

其一

倦客愁闻归路遥
眼明飞阁俯长桥
贪看白鹭横秋浦
不觉青林没晚潮

其二

余生欲老海南村
帝遣巫阳招我魂
杳杳天低鹘没处
青山一发是中原

里桥，位于澄迈县老城镇，通潮阁旁，现存桥体遗迹为明代重建。

通潮驿站设于此处，是古代琼北重要的交通渡口，里桥旁的通潮阁，为过往客人落脚之处。据说东坡先生由此登岛和离岛，先生的《澄迈驿通潮阁二首》中有“眼明飞阁俯长桥”的诗句，遂此桥亦称“长桥”。

现今，石板已毁，石拱犹在，拱桥容颜已隐没于绿色植被中。

双滩赴海，为海南澄迈古代八景之一。双滩指里滩和外滩，二水汇合共同入海。

澄迈　东坡唐佐纪念园

东坡唐佐纪念园，位于国社村，于 2022 年 4 月建成开园。

国社村，已走过九百年岁月，是海南姜姓的主要聚落之一，是姜氏走向岛内多地的始发站，也是东坡先生学生姜唐佐后人的移居地。

东坡故事

东坡先生离开海南时，送给姜唐佐一联诗“沧海何曾断地脉，白袍端合破天荒”，约定待姜唐佐中举后补足此诗，可惜待到姜唐佐中举，东坡先生已然去世，其弟苏辙续写补完此诗。

东坡诗文

赠姜唐佐

——苏轼&苏辙

沧海何曾断地脉，
白袍端合破天荒。
锦衣他日千人看，
始信东坡眼力长。

国社村内的太公庙，为纪念中国历史上的传奇人物姜太公即姜子牙而建。八十岁时，太公在渭水之滨邂逅周文王，蒙其知遇，辅佐周室成就大业，被武王分封于齐国。公元 731 年，唐太宗敕令天下建姜太公庙，追谥为“武成王”。

海南姜氏始祖元熹于 1049 年从闽渡琼入澄邑立儒姜村建太公庙，海南姜氏敬奉姜太公至今。

澄迈 大丰村

大丰村，在古代称为“多峰铺”，是驿道上的铺舍，东坡“行琼、儋间”必经之地，在此进餐休息。相传，当年东坡先生走过之后写诗赞美。

东坡诗文

行琼、儋间，肩舆坐睡……（节选）

千山动鳞甲
万谷酣笙钟
安知非群仙
钧天宴未终

封平约亭，始建于清康熙六十一年(1722)，同治二年(1863)重新修葺，保存至今，是当年恭贵乡封平都宣讲圣谕、议事的场所。

罗驿村，建于南宋宝祐四年（1256），是海南省历史文化古村、澄迈县长寿之乡。罗驿村地形与凤凰相似，传说罗驿村为金凤凰地，村民在村中的南北各建一座塔压住金凤双翅，以防凤凰飞走。

澄迈 罗驿村

在原址上重建的
琼西官驿

罗驿村仍然保留一段火山石古驿道穿田而过，村民名之为“东坡路”，古时登陆琼岛的官员大多曾在此地驻足。

东坡的旅行笔记·澄迈篇

东坡贬谪海南生活困苦，经常忍饥挨饿，因而时常在回忆中享受那些记忆中的美食。他在《论食》中记载："烂蒸同州羊羔，灌以杏酪，食之以匕不以箸；南都麦心面，作槐芽温淘，糁以襄邑抹猪，炊共城香粳，荐以蒸子鹅；吴兴庖人斫松江鲙。既饱，以庐山康王谷帘泉，烹曾坑斗品茶。少焉，解衣仰卧，使人诵东坡先生《赤壁》前、后赋，亦足以一笑也。东坡在儋耳，独有二赋而已。"

东坡给自己呈上一桌丰盛的美食，并佐以诗赋。雅也雅矣，有阳春白雪，俗也俗透，兼下里巴人。

附近美食店铺分享

海南菜

- 贡和老爸茶
- 味源白莲鹅
- 贞味盐焗鸡（老城店）
- 利群白莲鹅酒店
- 田丰饭店（迈岭一横路店）
- 榕籽鸡饭店（金江店）
- 常来老白莲鹅饭店（老城店）
- 金玉烤乳猪店

交通说明

地址：

海南省澄迈县金马大道国社村

公共交通推荐：

澄迈 11 路

其他菜系

- 沁春楼·湘宴
- 马港酒店
- 澄迈希尔顿酒店
- 百合农庄
- 金马湖海鲜农庄

附近景点

姜氏宗祠

冼宝夫人庙

封平约亭

富力红树湾湿地公园

附近住宿

万威大厦

华泰商务酒店

维也纳国际酒店

注：以上具体信息以实际为准

永庆寺

交通说明

地址：

海南省澄迈县永庆大道 10 号

公共交通推荐：

204 路、澄迈 10 路、澄迈 9 路

附近景点

- 澄迈学宫博物馆
- 杜仲儒夫妇墓
- 富力红树湾湿地公园

附近美食店铺分享

海南菜

- 汐醉营地烤场·椰子鸡SUNSET DRUNK
- 渔民土窑海鲜饭店

特色美食

- 永庆素面
- 永庆咖啡
- CPA PART ANIMALS

其他菜系

- 欢乐渔港美食舫
- 东水客来海鲜酒楼
- 蒸原味·蒸汽海鲜火锅
- 犁田椰牛·海南牛杂火锅(老城店)

交通说明

地址：

海南省澄迈县老城镇白莲区

自驾停车推荐：

罗驿村民委员会停车场

附近美食店铺分享

- 梁家白莲鹅
- 田丰饭店（迈岭一横路店）

附近住宿

- 格林豪泰酒店
- 海岛港湾酒店
- 美伦居酒店
- 白玉兰酒店
- 四季梦幻酒店
- 西海岸大酒店
- 海南澄迈鲁能蔚景温德姆酒店

本地老饕推荐

- 侯臣咖啡文化村
- 日达饭店
- 三羊咖啡
- 芒果脚粉店
- 阿吉排档

注：以上具体信息以实际为准

临高　苏来村

苏来村，位于临高县波莲镇。

村内有石刻东坡诗作《端砚铭》、苏来井、水槽、村文化室等。

东坡故事

相传当年苏东坡被贬海南儋州，途经临高在此村中留宿修整。东坡先生曾留诗“我行西北隅，如度月半弓”。

当地村民为纪念苏东坡的到访，便将村名改为苏来村，以此表达对苏东坡的敬仰之情。

东坡故事

苏轼款长方形端砚

东坡北归途中曾经造访学生姜唐佐，约吴复古、姜唐佐食用蕈馒头，将心爱的端溪砚赠给了姜唐佐。

现在苏来村多处可见东坡先生《端砚铭》的诗文。传说《端砚铭》是苏东坡路过临高时夜宿苏来村所作。

东坡的旅行笔记·临高篇

元符三年（1100）东坡以琼州别驾量移廉州安置期间，给廉州太守张仲修作诗云：“编萑以苴猪，墐涂以涂之。”这是东坡独特的烤猪方法——用芦苇细条编成的筐，把猪装起来，涂上野草泥层，烧烤。

临高乳猪是一道特色名菜，它以皮脆、肉细、骨酥、味香而闻名，无论是烤、焖、炒、蒸皆可口，尤以烧烤最佳。

附近美食店铺分享

临高乳猪

- 公园乳猪店
- 阿建乳猪店
- 福满园烤乳猪
- 陈记烤乳猪
- 陈庆烤乳猪店
- 圣源烤猪第一家

其他海南菜

- 兴佳排档
- 鹅公馆（临高店）
- 临高瑞冬米粉店
- 金牌湾小渔村
- 椰海渔家沙滩餐厅
- 博纵海上人家餐厅
- 瑞丰海鲜馆
- 沉香味园林餐厅

交通说明

地址：

海南省临高县临新路

公共交通推荐：

71 路

茶 点

月亮咖啡

附近景点

临高文庙

古银瀑布

临高角

百仞滩自然保护区

海南解放公园

附近住宿

维也纳酒店

希尔悦国际酒店

凯旋门酒店

注：以上具体信息以实际为准

儋州 儋耳山

儋耳山，又称为松林岭，位于儋州木棠镇境内，距那大镇约35公里，海拔193米。康熙《儋州志》曾记载：“在州治东北二十里。孤峰高耸，下分八足，土石五色，旧多松树，俨然一州之望。上有石岩，宋僧和靖、道人白玉蟾曾经在此修炼。”

东坡故事

东坡先生途经儋耳山，看见山旁被人遗弃的石头，联想自己被朝廷贬谪外放，来到南荒之地的状况，于是写下一首《儋耳山》。

东坡诗文

儋耳山

突兀隘空虚，
他山总不如。
君看道旁石，
尽是补天余。

儋耳

霹雳收威暮雨开，
独凭阑槛倚崔嵬。
垂天雌霓云端下，
快意雄风海上来。
野老已歌丰岁语，
除书欲放逐臣回。
残年饱饭东坡老，
一壑能专万事灰。

儋耳山上摆放着东坡先生诗文的石刻

东坡故事

东坡先生在儋州时曾豪迈欣喜地写下了一首七言律诗《儋耳》。

儋州 七里村

七里村，位于儋州市中和镇。拥有我国最大的玉蕊古树林，玉蕊林沿河生长，形成一道绿色屏障把村子包围其中。每年五六月份是最佳的赏花时节。

玉蕊是一种名贵园林观赏花木，有史料记载始于中唐时期，仅见于长安城内几处宫禁之地。晚唐时期，长安玉蕊消失。

东坡居儋三年，住地靠近七里村，村边河道两侧，伴生红树古木群落，近年被认定为玉蕊树，其花夜间盛开，“香飘七里”。有学者认为，先生的《减字木兰花 · 立春》“春幡春胜，一阵春风吹酒醒。不似天涯，卷起杨花似雪花”，其中杨花就是玉蕊。

儋州 宁济庙

宁济庙，位于海南省儋州市中和镇，是为祀冼太夫人而建，是海南最早的冼夫人庙。南宋绍兴年间，宋高宗赐儋州冼夫人庙名“宁济”并亲撰牌匾。

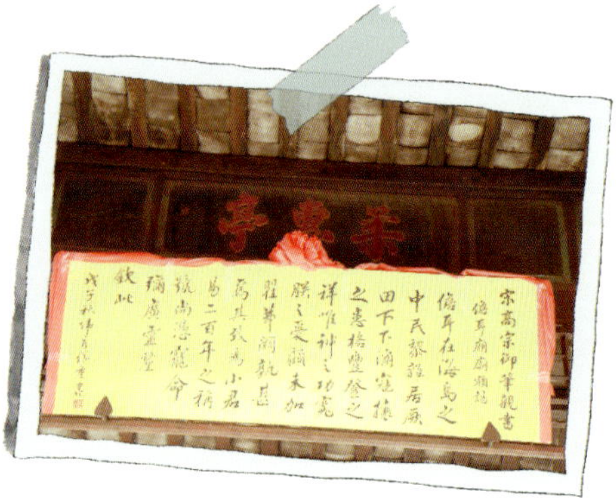

东坡诗文

和陶《拟古》九首 其五

冯冼古烈妇 翁媪国于兹
策勋梁武后 开府隋文时
三世更险易 一心无磷缁
锦伞平积乱 犀渠破余疑
庙貌空复存 碑版漫无辞
我欲作铭志 慰此父老思
遗民不可问 偻句莫予欺
犦牲菌鸡卜 我当一访之
铜鼓壶卢笙 歌此送迎诗

东坡故事

东坡先生谪居儋州时，曾写下组诗和陶《拟古》九首，其第五首所歌咏者便是宁济庙祭祀的冼夫人。

冼夫人，名冼英，是中国南北朝时期的政治家、军事家、社会活动家。冼夫人身历梁、陈、隋三朝，毕生致力于维护国家统一和民族团结，被周总理誉为“中国巾帼英雄第一人”。

东坡诗文

新居

朝阳入北林，
竹树散疏影。
短篱寻丈间，
寄我无穷境。
旧居无一席，
逐客犹遭屏。
结茅得兹地，
翳翳村巷永。
数朝风雨凉，
畦菊发新颖。
俯仰可卒岁，
何必谋二顷。

儋州 桄榔庵&东坡井

东坡故事

东坡先生被贬儋州，当地官民帮助他在城南的桄榔林建起了五间茅屋。东坡先生宽慰之余将茅屋命名为“桄榔庵”。

桄榔庵，坐落于儋州市中和镇的南郊，是苏东坡谪居海南的住所，目前正在复建当中。

历代对桄榔庵有多次修葺扩建，如今，儋州市人民政府拨出款项，修复桄榔庵，陈列有关苏东坡的历史文物，以再现苏东坡、苏过父子居儋实况，寄托海南人民对苏东坡的缅怀和纪念。

东坡井，位于儋州桄榔庵西侧不远，相传为东坡先生帮助当地乡亲所凿。人们为纪念先生而将之命名为“东坡井”。

儋州　东坡书院

东坡故事

东坡书院，原名载酒堂，地处儋州市中和镇东郊，建于绍圣四年（1097）十一月，东坡先生取《汉书 · 扬雄传》“时有好学者，载酒肴从游学”的典故命名。最初是东坡先生谪居儋州时讲学会友的场所，后世多次重建和修缮，1996 年被列为全国重点文物保护单位。

載酒堂
跨越千年，
先生讲学，
言犹绕梁。

“寿苏会”是纪念东坡生日的一项传统活动。东坡先生对海南影响颇深，海南省儋州市连续多年举办“寿苏会”为东坡祝寿，追怀先哲，延续千年文脉，这项文人雅集活动已成为当地的文化盛事。

东坡先生在海南谪居时戴笠穿屐的故事记载于南宋的笔记丛谈，并且有《东坡笠屐图》描绘该情景，继而流传到日本和韩国，形成东亚共同的东坡文化意象。

东坡祠殿外左廊下将近两米高的《东坡先生祠记》石碑，为元代著名诗人范梈于延祐六年（1319）撰书，是东坡书院镇院之宝。

东坡祠俗称“大殿”，始建于元朝延祐四年（1317），地点在城南的桄榔庵，元泰定三年（1326）迁至现址。现殿内立“东坡闲适铜像”，由雕塑家、清华大学教授何宝森设计。

“狗仔花”，学名“牛角瓜”，花蕊状如五只小狗汇聚花心，因其独特的外形让人一见难忘。

东坡故事

民间传说，狗仔花竟然牵扯到王安石与苏东坡一段诗作公案。王安石曾作诗：“明月当空叫，五犬卧花心”，东坡先生认为其不符事理，遂改为：“明月当空照，五犬卧花荫。”后来，先生来到了儋州，亲眼看见了狗仔花，方得知当地有一种鸟会在明月夜鸣叫求偶，有一种植物花开形似五只小狗对坐花心，于是感慨自己见识不广，同时，为王安石严谨的治学态度所折服。

儋州 云舍松涛

云舍松涛，位于儋州市南丰镇，紧邻松涛天湖，是热带田园综合体，占地约 5000 亩，以热带农业、热带景观、品牌产品为主体。

东坡故事

东坡谪居海南期间，发现当地人少事耕作，许多土地荒芜，便大力劝课农桑，并行诸诗文。

云舍松涛山上设有沉香馆，馆口设有东坡先生的《沉香山子赋》，不由让人想到东坡先生对沉香的喜爱。

东坡诗文

沉香山子赋（节选）

独沉水为近正，可以配薝蔔而并云。矧儋崖之异产，实超然而不群。既金坚而玉润，亦鹤骨而龙筋。惟膏液之内足，故把握而兼斤。顾占城之枯朽，宜爨釜而燎蚊。宛彼小山，巉然可欣。如太华之倚天，象小孤之插云。

和陶《劝农》（引）

海南多荒田，俗以贸香为业，所产粳稌不足于食，乃以薯芋杂米作粥糜以取饱。予既哀之，乃和渊明《劝农》诗，以告其有知者。

儋州 苏东坡历史文化艺术馆

苏东坡历史文化艺术馆，位于海南儋州海花岛 1 号岛徽州商业街，在一座独立的徽派小院基础上改建而成。

一比一仿制东坡书院内的“东坡居士”铜像

东坡先生是海南的骄傲，每逢东坡先生诞辰，海南人民用各种形式怀念先生，以诗歌朗诵、书画创作、东坡祭拜、民乐演奏等形式传播东坡文化。2022 年“985 寿苏会”将国风音乐剧《凤鸣在竹》搬上舞台。

东坡的旅行笔记·儋州篇

附近美食店铺分享

海南菜

四成酒家

孙记糖水·芝麻豆腐

附近景点

千年古盐田

白马井古迹

海南石花水洞地质公园

儋阳楼

附近住宿

好来登宾馆

东坡宾馆

交通说明

地址：

海南省儋州市中和镇吉贝路中心大道 30 号

公共交通推荐：

洋浦 1 路、洋浦 3 路、洋浦 4 路、洋浦 5 路

自驾停车推荐：

儋州市中心大道 30 号

东坡书院文化旅游区停车场

交通说明

地址：

海南省儋州市滨海大道100号

中国海南海花岛1号岛

附近美食店铺分享

海南菜

- 沿江海南鸡饭·中华老字号（海花岛店）
- 原味主张椰子鸡·海南老字号（海花岛店）
- 御海阁琼菜人家（海花岛店）
- 春润大地海南椰子鸡（海花岛店）

特色美食

- 顾里奇客（恒大海花岛店）

其他菜系

- 杨裕兴（海花岛店）
- 海银海记（海花岛店）
- 新加坡肉骨茶（海花岛店）

附近景点

海花岛双子沙滩

海花岛珍奇特色植物园

海花岛海洋乐园

附近住宿

海南海花岛希尔顿酒店

海南海花岛欧堡酒店

注：以上具体信息以实际为准

交通说明

地址：

海南省儋州市南丰镇油文村

自驾停车推荐：

云舍松涛海南中国村

1 号门地上停车场

东坡宴餐厅

云舍松涛内

云舍松涛东坡美食

附近景点

海南热带植物园

中和古镇

海南火莲花地质景区

附近住宿

松涛书院民宿

儋州福朋喜来登酒店

麦客达温德姆酒店

儋州银滩湾海景酒店

儋州丽思顿大酒店

儋州福安泰海景大酒店

儋州蓝洋温泉度假村

交通说明

地址：

儋州市中和镇 513 县道西

附近美食店铺分享

海南菜

- 东坡桥饭店
- 开心饭店
- 泊爱渔家海鲜餐厅
- 火焰醉鹅馆（白马井店）

注：以上具体信息以实际为准

儋州东坡美食特辑

交通说明

地址：

儋州市科技路大头潭学校北 50 米。

推荐自驾前往。

巷子较窄，推荐在附近停车。

推荐停车点：

云月小区停车场

市民乐花园小区停车场

儋耳旧时光

用餐备注：营业时间不固定，为了保证食材新鲜，需提前至少一个小时预约。

东坡蚝火锅

儋耳旧时光 · 东坡文创小院，秘制生蚝延续东坡蚝吃法，结合海南本土特色糟粕醋火锅，使之味道更加鲜美。

东坡载酒亭酒

东坡载酒亭酒，目前有东坡红米酒、黑豆酒、米酒。

东坡玉糁羹

相传，东坡先生酒后爱吃此羹。将萝卜捣碎与白玉米、芋头煮成稀粥如羹，吃此羹会顿感清爽，有助消化、解油腻、健脾等功效。

东坡诗文

献蚝帖

己卯冬至前二日，海蛮献蚝，剖之，得数升肉与浆，入水，与酒并煮，食之甚美，未始有也。又取其大者，炙熟，正尔啖嚼，又益□煮者。海国食□蟹□螺八足鱼，岂有献□？每戒过子慎勿说，恐北方君子闻之，争欲为东坡所为，求谪海南，分我此美也。

四成酒家

东坡非遗美食店

东坡杨桃肉丝

作为四成酒家的传统东坡美食招牌菜，由中原美食与东坡文化演变而来。主料采用里脊肉再配上适量肥肉切成丝，以蚝油腌制。采摘树龄较长、果肉较为肥大的杨桃，切丝腌制。中火炒制，成色油亮光鲜，缕缕肉丝，酸香扑鼻，是不可多得的水果类小炒。

东坡黄皮鸡

黄皮鸡的美味取决于黄皮叶、肉鸡质量和烹饪技术。鸡以海南小种鸡为正宗，在黄皮园里自然放养，以白蚁、蚯蚓和黄皮等为食，长大后鸡味鲜美。将黄皮果肉、黄皮叶碾碎，加入佐料，塞入鸡肚，鸡皮抹上油鸡盐粉，放入锅中高温清蒸。烹饪时注意火候，既要熟透又不能蒸太久。其味道酸甜美味，肉质香嫩可口。

昌江 峻灵明王庙

自念谪居海南三岁，饮咸食腥、陵暴飓雾而得生还者，山川之神实相之。

东坡故事

元符三年（1100），贬谪海南三年有余的东坡先生获赦。临行期间写下《峻灵王庙碑》一文，感恩神灵。

峻灵明王庙，是县级重点文物保护单位，“文化大革命”时被毁。1984 年由临高、儋县、东方、昌江等地群众捐资重建。1992 年，该庙再次重修并更名为“峻灵明王庙”。庙中供奉的峻灵王是海南西部地区渔民祭祀的神灵。

峻灵明王庙碑，苏轼撰文，苏学专家考证为建炎二年（1128）昌化县令何适手书勒碑。现残碑高 72 厘米，宽 66 厘米，厚 15 厘米。1984 年重建时在基址附近被发现。

东坡诗文

峻灵王庙碑铭

琼崖千里块海中 民夷错居古相蒙

方壶蓬莱此别宫 峻灵独立秀且雄

为帝守宝甚严恭 庇荫嘉谷岁屡丰

小大逍遥远鰕龙 鹞鹕安栖不避风

我浮而西今复东 铭碑晔然照无穷

昌江 棋子湾

棋子湾，在海南岛西海岸区域，位于昌江西部，东倚昌化岭，西连大海，风景优美。棋子湾石多沙白浪静，其石纹路纵横如棋盘，当地人称之“棋盘石”。奇石生趣，意境绝美，由此棋子湾成为昌江发展围棋事业的标志性地点。

东坡诗文

观棋

予素不解棋，尝独游庐山白鹤观，观中人皆阖户昼寝，独闻棋声于古松流水之间。意欣然喜之，自尔欲学，然终不解也。儿子过乃粗能者，儋守张中日从之戏，予亦隅坐竟日，不以为厌也。

五老峰前 白鹤遗址
长松荫庭 风日清美
我时独游 不逢一士
谁欤棋者 户外屦二
不闻人声 时闻落子
纹枰坐对 谁究此味
空钩意钓 岂在鲂鲤
小儿近道 剥啄信指
胜固欣然 败亦可喜
优哉游哉 聊复尔耳

诗中“胜固欣然，败亦可喜”一句，体现了文人围棋轻胜负的理念，凝聚了中国士大夫以追求自我精神解脱为核心的适意人生哲学。

昌江 蘑菇屋

蘑菇屋，位于海南省昌江黎族自治县海尾镇沙渔塘村，是综艺节目《向往的生活 6》拍摄地，曾入选海南“十佳”网红打卡地。

东坡诗文

谪居三适·旦起理发

安眠海自运 浩浩朝黄宫
日出露未晞 郁郁濛霜松
老栉从我久 齿疏含清风
一洗耳目明 习习万窍通
少年苦嗜睡 朝谒常匆匆
爬搔未云足 已困冠巾重
何异服辕马 沙尘满风鬃
雕鞍响珂月 实与杻械同
解放不可期 枯柳岂易逢
谁能书此乐 献与腰金公

东坡的旅行笔记·昌江篇

本地老饕推荐

- 三得正宗羊羔店（环城东二路店）
- 家合海鲜店（棋子湾店）
- 叶姐海鲜（棋子湾店）
- 香勤夜宵
- 小糖铺甜品饮品小食（恒基·御南山店）
- 真记海鲜店（棋子湾店）
- 沙姜鸡食味馆（昌化镇店）

交通说明

地址：

海南省昌江黎族自治县峻灵明王古庙

自驾停车建议：

峻灵明王庙南门地上停车场

附近景点

昌化古庙

海南霸王岭国家森林公园

海尾湿地公园

附近美食店铺分享

海南菜

- 昌港海鲜店（棋子湾店）
- 大众海鲜大排档
- 棋子湾万国大酒店

交通说明

地址：

海南省昌江黎族自治县观海路

附近停车推荐：

棋子湾地上停车场

海南棋子湾开元度假村地下停车场

恒大棋子湾地上停车场

特色美食

黎族簸箕餐菜

- 青柠檬蒸石斑鱼
- 碳烤昌江本地鸡
- 香椒鱿鱼
- 白灼大虾
- 脆香蒜香排骨
- 原汁南瓜焗海鲜饭
- 椰香斑斓糕
- 粗粮（香芋，地瓜）
- 咸鸭蛋

附近住宿

- 萌亚度假酒店
- 海南棋子湾开元度假村
- 海南万国棋子湾海滩大酒店

注：以上具体信息以实际为准

乐东　莺歌踏浪驿站

莺歌踏浪驿站，是海南环岛旅游公路首批八个重点驿站之一，位于海南省乐东黎族自治县，占地面积 195 亩，总建筑面积 7.8 万平方米，是环岛旅游公路全线开工时间最早、规划面积最大、唯一以“人工自然复合景观”为主要资源的特色驿站。

东坡曾作《蜀盐说》道：“蜀去海远，取盐于井。”乐东一带有着悠久的“煮盐”文化，早在唐代，海南岛就有近海老百姓煮海水为盐的记载。《中国盐法通志》记载：“盐之质味，海盐为佳，井盐池盐次之，海盐之中，滩晒为佳，煎盐板晒又次之。”莺歌海老盐的生产就是采用了传统纯手工的滩晒制法，莺歌海老盐晒制技艺入选乐东第五批非物质文化遗产项目名录。

驿站以“盐”文化为设计主题，以“人工自然复合景观（盐田 + 坑塘）”为主要资源，让游客在游玩的过程中，既能欣赏莺歌海盐场的美景，也能了解制盐工艺的非遗传承情况。

望京亭

东（中）线

東坡帶你遊海南

东(中)部线路图

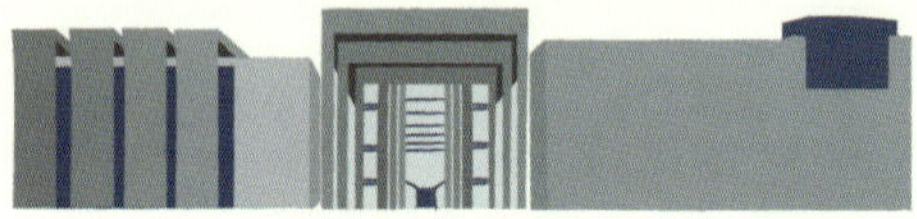

东坡老码头

海口市美兰区碧海大道98号

海南省博物馆

海口市琼山区国兴大道76号

瑶城东坡文化馆

海口市美兰区演丰镇瑶城村

文笔峰

定安县龙湖镇丁湖路

铜鼓岭

文昌市海南铜鼓岭国家自然保护区

东郊椰林

文昌市东郊镇椰林湾路海滨半岛

博鳌东屿岛国家级旅游度假区

琼海市博鳌镇远洋大道1号

博鳌国宾馆

琼海市龙潭路1号

东山岭

万宁市万城镇东山岭文化旅游区

黎母山

琼中黎族苗族自治县黎母山

新伟农场

琼中黎族苗族自治县新伟大道111号

亚泰雨林

五指山市雅宾区亚泰雨林酒店

神玉岛

保亭黎族苗族自治县响水镇毛真水库

落笔洞

三亚市吉阳区学院路

悦澜湾君澜

三亚市吉阳区大茅西路2号

海口 东坡老码头

东坡老码头，主打美食招牌，根据东坡《食源》记载研制了 100 多道精品名菜，让广大市民游客品尝舌尖上的东坡美食以及感受东坡文化。

作为海口首家滨江临海风情文旅商综合体，海口东坡老码头以东坡文化、码头文化、海南文化这三大文化内涵为精神内核，是落实海南国际旅游消费中心发展战略的生动缩影。

东坡文化主题美食

交通说明

地址:

海南省海口市美兰区碧海大道 98 号

自驾停车推荐：

碧海大道路东侧停车点

海口 海南省博物馆

海南省博物馆，是国家一级博物馆，馆藏文物 26200 件（套）。2015 年被授予“全国社会科学普及教育基地”称号，2019 年成为国家 4A 级旅游景区。

2024 年 2 月 1 日至 6 月 10 日，由故宫博物院、海南省旅游和文化广电体育厅联合主办的“千古风流 不老东坡——苏轼主题文物展”在海南省博物馆展出，其间“宋四家”——苏轼、黄庭坚、米芾、蔡襄真迹等国宝级文物集体亮相。

苏轼《新岁展庆帖》《人来得书帖》合卷(局部)

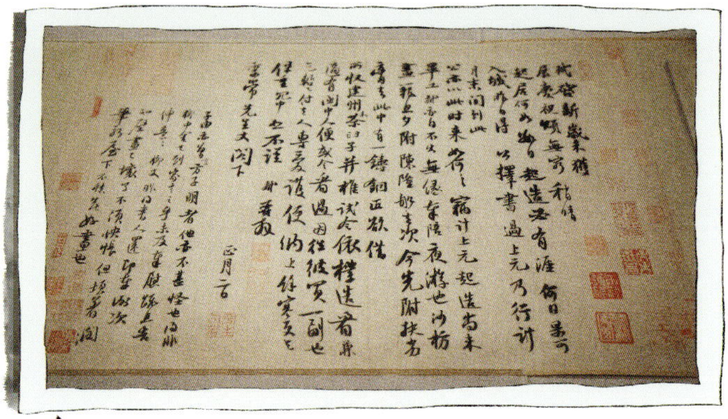

黄庭坚《惟清道人帖》

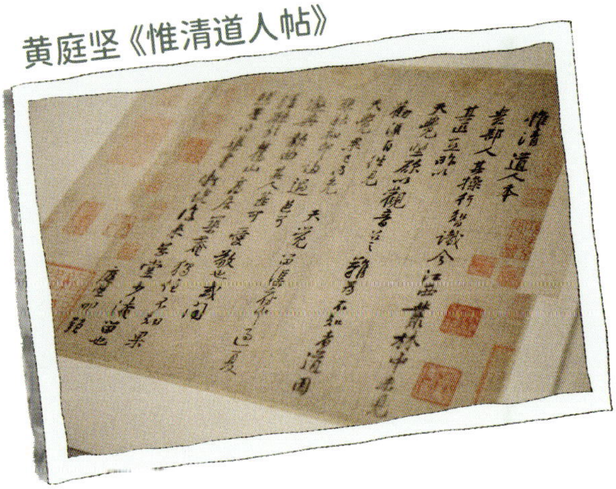

米芾《道林帖》

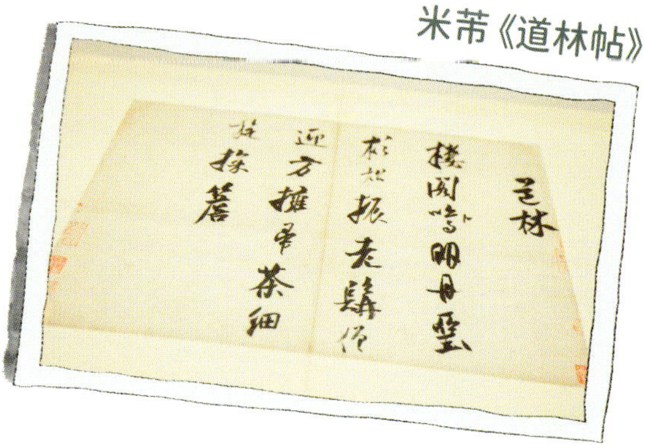

蔡襄《京居帖》

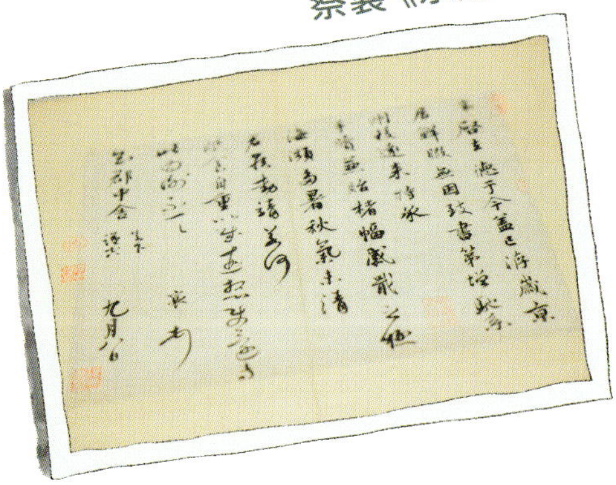

东坡先生是书法大家，与黄庭坚、米芾、蔡襄合称“宋四家”。他的书法自成风格，强调“意在笔先”，作品充满了独特的韵味和深远的意境。

瑶城东坡文化馆

瑶城东坡文化馆，坐落于海口市演丰镇的瑶城古村内，展馆有六大文化主题空间展，将东坡足迹、东坡书画、东坡诗词、东坡艺术、东坡故事、东坡文创、东坡雅宴荟萃一堂，全方位展示东坡文化内涵。

东坡学堂

东坡家风馆

东坡书海

东坡海南行迹馆

东坡国创艺术馆

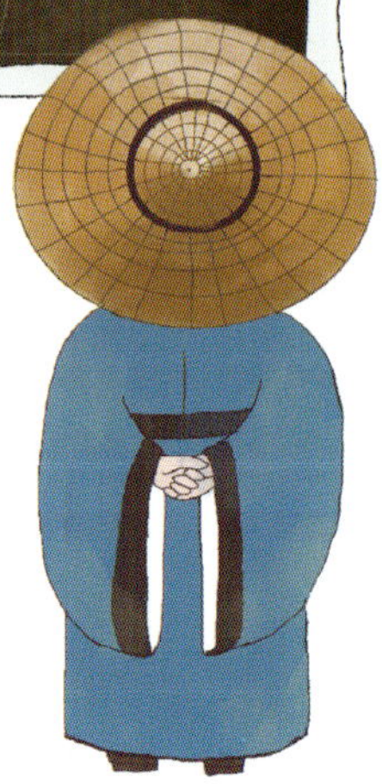

琼北古村·瑶城东坡文化古迹研学游由海南省发展控股有限公司主办，海南省苏学研究会协办，海口市旅文局、海控美丽乡村建设有限公司承办，打造东坡研学文化节。以苏东坡的家国情怀、民本情怀、家教家风、豁达人生为四大主线，组织六大主题展、七日沉浸式互动、“诗酒田园”研学路线等活动，吸引了众多东坡文化爱好者参与其中。

东坡的旅行笔记·海口篇

附近美食店铺分享

海南菜

- 豆滕鱼村
- 后海渔村
- 红林渔村
- 永丰海鲜酒家
- 锦水海鲜农家乐
- 海口海控瑶城民宿肴赋轩餐厅
- 阿兰阿姨夜宵店
- 德福五香羊(演丰镇店)

本地老饕推荐

- 连理枝渔家乐

特色美食

- 外滩1号音乐餐吧

三生有幸

(杏仁芥味生蚝)

表达海南人民对东坡先生深情厚谊的怀念与感谢,也是代表朋友间相聚珍惜彼此的情谊。

附近景点

龙泉寺

东寨港红树林旅游区

海口天鹅湖动物基地

海南长影环球100奇幻乐园

海口观澜湖旅游度假区

交通说明

地址：

海南省海口市美兰区演丰镇瑶城村

公共交通推荐：

201 路、游 7 路

附近住宿

芳园国际艺术民宿

悦客莱旅租

海口美兰桃花源客栈

宜品假日酒店

小鹿辰客精品酒店

南海东坡川菜酒楼

在这里，不仅可以品尝到融入东坡文化元素的地道川渝美食，还能感受到东坡文化的风雅与傲骨，让每一次用餐都成为一次难忘的文化体验。

注：以上具体信息以实际为准

定安 文笔峰

文笔峰景区，位于海南省定安县龙湖镇丁湖路文笔峰山麓，占地面积 1000 亩，始建于 2003 年。

白玉蟾，南宋道士，道教南宗五世祖，曾在儋耳山修炼，传说最终在定安文笔峰羽化成仙。

文笔峰景区英雄文化园中有诸多为海南做出贡献的名人的雕塑，东坡先生的雕像就矗立其间。

古代笔记小说记载，东坡灵气得自天地，出生时眉山草木尽枯，去世后草木复苏。东坡22岁中进士第，后来接续欧阳修成为文坛盟主，是北宋首屈一指的文豪，掌一代之文运，因此被认为是“文曲星下凡”。

东坡的旅行笔记·定安篇

附近美食店铺分享

特色美食

仙聚牛肉加工店

三七鸭饭店

牛二农家食庄(定安店)

鸭杂芋头梗红豆汤

仙屯第八间农家酱油鸭

大山水塔咖啡

文笔峰

交通说明

地址：
海南省定安县龙湖镇丁湖路

自驾停车推荐：
文笔峰盘古文化旅游区东门地上停车场

附近景点

丹桂公园

海南热带飞禽世界

太史坊

定安古城

附近住宿

居善观民宿

海南诺德珺唐酒店

文笔峰桂园民宿

注：以上具体信息以实际为准

文昌 铜鼓岭

铜鼓岭，位于海南省文昌市龙楼镇，是海南岛最东端著名的临海山岭，主峰海拔 338 米，素有“琼东第一峰”之称。

东坡先生说：“汉有两伏波，皆有功德于岭南之民。”海南岛孤悬海外，与伏波将军这一封号有不解之缘。汉武帝时，南越叛乱，武帝派伏波将军路博德率军平叛，戡定叛乱后，在海南设立了珠崖郡、儋耳郡，标志着海南岛正式列入中国政治版图。

东坡诗文

伏波将军庙碑铭

至崄莫测海与风
至幽不仁此鱼龙
至信可恃汉两公
寄命一叶万仞中
自此而南洗汝胸
抚循民夷必清通
自此而北端汝躬
屈信穷达常正忠
生为人英没愈雄
神虽无言意我同

相传，东汉时期伏波将军马援，西征交趾，途经铜鼓岭，受当地百姓热情拥戴，马援将铜制战鼓赠给百姓，这就是铜鼓岭名字的由来。

鹧鸪茶，是海南特产，茶香浓烈，能清热解毒，有降压、减肥、健脾、养胃之效，还可防治感冒，被誉为“灵芝草”。相传，曾有农民养的鹧鸪鸟生病，该农民采摘一种树叶泡水给鹧鸪鸟喝，鹧鸪鸟喝下之后恢复了元气，鹧鸪茶因此得名。

东坡故事

传说东坡先生被贬儋州时年事已高，他得知铜鼓岭的鹧鸪茶有强身健体的功效，慕名而来，在亭中一边品茶一边望向京城，心中感慨，在亭中写下“望京亭”三字下山而去。

文昌 东郊椰林

东郊椰林，位于文昌市东郊镇海滨半岛，椰树成片，椰姿百态，文昌别称“椰乡”，椰子种植面积和产量占海南省50% 以上，椰子的品种有红椰、青椰、良种矮椰、高椰、水椰等，共 50 多万株。

椰雕产品

用椰壳精工制作的椰雕是海南特有的工艺品，是国家级非物质文化遗产。明清时期椰雕被作为珍品进贡朝廷，赢得“天南贡品”之誉。

东坡诗文

庚辰岁正月十二日，天门冬酒熟，予自漉之，且漉且尝，遂以大醉，二首

其一

自拨床头一瓮云　幽人先已醉浓芬
天门冬熟新年喜　曲米春香并舍闻
菜圃渐疏花漠漠　竹扉斜掩雨纷纷
拥裘睡觉知何处　吹面东风散縠纹

其二

载酒无人过子云　年年家酝有奇芬
醉乡杳杳谁同梦　睡息齁齁得自闻
口业向诗犹小小　眼花因酒尚纷纷
点灯更试淮南语　泛溢东风有縠纹

唐代诗人陆龟蒙曾有诗词："酒满椰杯消毒雾，风随蕉叶下泷船。"其中"椰杯"指的就是用椰壳做的酒杯，由此可知，自古以来人们就青睐用椰杯饮酒。

元符三年（1100）正月，在海南，东坡先生酿制了天门冬酒，可能就以椰杯为器。

东坡故事

相传有一次东坡先生品尝儿子苏过摘来的椰子后，苏过随手将椰子壳制成一顶帽子给他戴上，东坡先生看到这顶古怪新奇的椰子冠，感到非常有趣，父子二人都以"椰子冠"为题作诗唱和，饶有意趣。

东坡的旅行笔记·文昌篇

附近美食店铺分享

海南菜

- 龙泉乡园
- 阿弄糟粕醋
- 海宝中西茶餐美食园
- 符记正宗文昌鸡老店

- 蓝海海鲜坊
- 乐家家茶饭店
- 淇水湾渔村海鲜店
- 力哥地道海南菜

其他菜系

- 鲁能希尔顿酒店
- 大师傅酒店

交通说明

地址：

海南省文昌市

海南铜鼓岭国家自然保护区

公共交通推荐：

游 1 路、游 2 路

自驾停车推荐：

海南铜鼓岭景区地上停车场

附近景点

铜鼓佛光寺

石头公园

宋氏祖居

文昌孔庙

附近住宿

文昌鲁能云居酒店

文昌鲁能希尔顿酒店

文昌椰韵民宿

文昌典雅湾商务酒店

注：以上具体信息以实际为准

附近美食店铺分享

海南菜

瑞丰椰子鸡

恒味椰奶鸡

椰园椰奶鸡

西江月·椰奶鸡饭店

椰不二农家椰香饭

阿明农家饭

椰香农家饭

好再来农家饭

悦君苑农家菜

望海渔家饭店

东郊海龙海鲜店

特色美食

前门铺里

东郊椰林

交通说明

地址：

海南省文昌市东郊镇椰林湾路海滨半岛

公共交通推荐：

游3路

附近停车推荐：

东郊镇建华山村民委员会东侧停车场

海南百莱玛度假村北门地上停车场

附近景点

清澜半岛航天渔人码头

文昌航天火箭发射基地

文昌椰科椰子大观园

附近住宿

文昌温德姆至尊豪廷大酒店

航天椰林湾酒店

金石国际大酒店

红树湾度假酒店

注：以上具体信息以实际为准

琼海 博鳌东屿岛国家级旅游度假区

博鳌东屿岛国家级旅游度假区，位于海南省琼海市博鳌镇，是博鳌亚洲论坛永久会址所在地，同时也是国家级近零碳示范区。拥有三家五星级酒店、博鳌亚洲论坛永久会址 4A 级景区、全国十佳高尔夫球场、博鳌亚洲论坛国际会议中心、国家优质珍稀天然温泉、玉带滩、新闻中心、博鳌东屿岛文化公园等旅游度假资源，度假区内还拥有博鳌免税店、优质别墅区、海底隧道、环岛路等一系列完善的配套设施，是国内稀有的岛屿型综合旅游度假区。

相传，东坡曾在故乡眉山的连鳌山读书，千里之外的海南岛，也有一只大鳌，这就是琼海的博鳌。四川与海南，在冥冥之间都和“鳌”有联系，正应了东坡“沧海何曾断地脉”之诗句。

民间有一种说法：鳌是一种瑞兽，龙头龟背麒麟尾巴，寓意着吉祥。

连鳌山石刻位于四川眉山东坡区广济乡连鳌村的连鳌山西南坡，为东坡先生青年时代手书，始凿于宋朝。

琼海 博鳌国宾馆

博鳌国宾馆，地处海南博鳌龙潭岭主峰山麓，占地400亩，近邻博鳌亚洲论坛永久会址，远眺万泉河、龙滚河、九曲江三江入海口，是海南岛独具一格的“山体国宾馆”。

传说这一带有龙脉，古时，在干旱时节，百姓们都会到附近求雨。

神话中的龙王掌管降雨，龙潭岭之名不免让人联想到下雨。对于农耕文明来说，足量的雨水至关重要。古时每逢干旱，人们总会向龙王祈求风调雨顺。东坡先生作为地方官，干旱时求雨是其职责所在，同时也是为了安抚民心。东坡生平经常祈雨，据传，他祈雨很是灵验。

滙海樓
喜雨亭记

国宾馆·东坡宴

薄荷清汤手撕鸭

东坡醉蟹钳

金汤火腿松露竹笋

清汤竹笙炖芙蓉

鲜竹桃仁炒九节虾

宋式家烧小斑鱼

酒芽浓汤东坡白菜

东坡盐烤羊排骨

黎酒一品东坡肉

东坡酒煮生蚝

东坡玉糁羹

东坡的旅行笔记·琼海篇

附近美食店铺分享

海南菜

- 海澜四季椰子鸡（博鳌店）
- 回味鸡汤店（海滨路店）
- 海的故事
- 海街糟粕醋
- 福达糟粕醋（博鳌店）
- 邂逅海鲜餐厅（博鳌店）
- 英子烤海鲜
- 张记牛骨汤

甜品

- 巧娘（博鳌店）

其他菜系

- 鳌品汇汤馆
- 山江农家乐
- 莫叔农家乐
- 鱼丽宴·中餐厅（东屿岛大酒店）

交通说明

地址：

海南省琼海市博鳌镇远洋大道1号

公共交通推荐：

琼海13路、83路

附近停车推荐：

博鳌亚洲论坛永久会址

景区2号地上停车场

博鳌亚洲论坛国际会议中心

高尔夫球会地上停车场

附近景点

海南白石岭旅游区

中国（海南）南海博物馆

万泉河漂流

附近住宿

博鳌亚洲论坛大酒店

博鳌亚洲论坛东屿岛大酒店

琼海博鳌川鳌商务酒店

博鳌国宾馆

白金湾·博鳌道纪海景大酒店

博鳌亚洲论坛金海岸大酒店

交通说明

地址：

海南省琼海市龙潭路1号

自驾停车推荐：

国宾馆停车场

注：以上具体信息以实际为准

万宁 东山岭

东山岭，位于海南省万宁市，是省级文物保护景点。其东临南海，海拔 184 米，方圆 10 平方公里，有“海南第一山”的美誉，因状似笔架，又称笔架山，山上 200 多处摩崖石刻具有极高的文物价值与审美价值。

东山岭飞来石

东坡先生前往儋州的途中曾有诗句“君看道旁石，尽是补天余”，以被丢弃女娲补天神石自比，抒发感慨。

东山岭的飞来石，也是 1987 年版《红楼梦》电视剧片头飞天神石的备选取景地之一。

东坡故事

东坡先生平生酷爱奇石，他任扬州知府时获得两块奇石，爱不释手，命名为“仇池石”。东坡先生还喜画石，如其传世真迹《枯木怪石图》。

东山岭怪石奇崛，东坡当年若到此一游，会不会“石来运转”？

海南先贤丘濬登临东山岭时赞叹“环海三千里，琼崖第一山”。后来，明代曾光祖任万州牧，游览东山岭之后，提笔写下“海南第一山”并镌刻于此。

“海眼流丹”属于东山八景之一，位于东灵寺内，山泉由“巨龙”口中吐出。泉水甘甜冷冽，适合泡茶，东坡先生一生爱茶，曾有诗词：“活水还须活火烹，自临钓石取深清。”此处活水必是东坡所爱。

东山岭摩崖石刻“海外桃源”。东坡先生诗文中常提及庄子的“无何有之乡”，那是一个海外桃源般的存在，岭海隔绝的海南岛何尝不是东坡的海外桃源呢？

东山岭摩崖石刻“奇甸岱宗”。奇甸指海南岛，岱宗为泰山的别称，东山岭位于海南岛东部临海，又是海南岛的文化名山，故有此称。

文昌
北斗
南天斗宿
林汝翥题
月出于东山之上
徘徊于斗牛之间
仙舟

东坡故事

东坡贬儋，开启了海南岛文化发展的新时代，可谓“南天斗宿”。其实，东坡对星宿颇有研究，多次在作品中提及，如“朔风吹茅屋，破壁见星斗”“徘徊于斗牛之间”“参横斗转欲三更”等。他曾分析，韩愈的身宫和他的命宫都是磨羯（即摩羯），因此命很苦。

相传，东海龙王之舟曾搁浅于此，受仙翁指引从三十六洞返回龙宫，因此，这块形状如舟的岩石与东海龙宫相连，受到龙宫庇佑。东坡先生往返海南都不曾遇到风浪，友人用船运给他的书籍也安然过海，想必他乘坐的是峻灵王护佑的仙舟吧！

东坡的旅行笔记·万宁篇

附近美食店铺分享

海南菜

- 万宁东山羊农庄
- 农家乐福禄东山羊餐饮店
- 老爷海鲜渔市潘记连锁(万宁店)
- 椰香饭店

特色美食

- 兴隆隆苑咖啡庄园
- M1咖啡奇幻工场
- 北楼后安粉汤店(人民中路总店)

东南亚菜

- 兴隆南洋风味
- 伊萨娜印尼餐厅
- 天程知味园
- 莲姐山庄
- 娘惹情·娘惹侨味馆(兴隆店)

交通说明

地址：

海南省万宁市万城镇

东山岭文化旅游区

公共交通推荐：

万宁104路

自驾停车推荐：

东山岭停车场

附近景点

日月湾

巴厘村

神州半岛

兴隆热带植物园

石梅湾

桥海牧场

附近住宿

日月星辰冲浪海景度假酒店

石梅湾威斯汀度假酒店

石梅湾艾美度假酒店

神州半岛君悦酒店

万宁壹家美丽连锁酒店

柏曼酒店

万宁迎宾馆

凯威酒店

注：以上具体信息以实际为准

琼中 黎母山

东坡诗文

和陶《拟古》九首 其四

少年好远游 荡志隘八荒
九夷为藩篱 四海环我堂
卢生与若士 何足期渺茫
稍喜海南州 自古无战场
奇峰望黎母 何异嵩与邙
飞泉泻万仞 舞鹤双低昂
分流未入海 膏泽弥此方
芋魁倘可饱 无肉亦奚伤

黎母山，位于海南岛中部偏西南一带，是岛上绵延最长的一组山地，自古以来被誉为黎族的圣地，黎族人民的始祖山。

黎锦上的黎母图腾

黎母石

黎母石像，属于天然巨石杰作。其外观呈现出深褐色调，并自然延伸而出，酷似头巾，引人遐想。该石状若老妪之脸，中央部分相对白皙，面部轮廓分明，眉宇之间、口鼻线条的排列和比例皆显得和谐适意，观其双眼紧闭，仿佛深思，口微张，似乎诉说着无声的故事。石像整体造型逼真，栩栩如生，全然未经人工雕琢，纯系自然风化之妙作。

琼中 新伟农场

东坡故事

东坡先生不仅是一位大文学家，也是一位熟谙茶道的高手。他一生与茶结下了不解之缘，他懂茶爱茶，深得其中三昧，以茶会友，以茶赋诗，以茶入梦。

新伟农场，创建于 1970 年，属于海南省国有单位，地处海南省琼中黎族苗族自治县境内的五指山腹地，是海南垦区地势最高的农场，有茶园面积 1200 亩。

东坡诗文

汲江煎茶

活水还须活火烹
自临钓石取深清
大瓢贮月归春瓮
小杓分江入夜瓶
雪乳已翻煎处脚
松风忽作泻时声
枯肠未易禁三碗
坐听荒城长短更

新伟山有居民宿采用现代东方美学的风格，以原木为主调，将自然与人文完美融合，打造一个心灵原乡的归宿。

东坡的旅行笔记·琼中篇

附近美食店铺分享

海南菜

- 加哒餐海南粉
- 湾岭海山岛饭店
- 百花岭山水居中餐厅

交通说明

地址：
海南省琼中黎族苗族自治县
黎母山镇黎母山国家森林公园

本地老饕推荐

- 吴记正宗陵水酸粉店
- 新伟·山有食茶饭稻
- 湾岭鸡饭店
- 瓦屋家

簸箕餐

交通说明

地址：
海南省琼中黎族苗族自治县
新伟大道111号

附近住宿

海南琼中福朋喜来登酒店

学而山房民宿

山有居民宿

琼中云宿房车营地

山水居森林瀑布营地(百花岭店)

琼中永和酒店

琼中奔哥内24小时连锁酒店

麗枫酒店(琼中汽车站店)

附近景点

海南百花岭热带雨林文化旅游区

鹦哥岭国家级自然保护区

注：以上具体信息以实际为准

五指山 亚泰雨林

亚泰雨林航拍图

五指山亚泰雨林度假酒店，坐落在海拔 1867 米的海南第一高峰——五指山脚下，酒店以“溯黎家之源，融雨林之幽，享生命之本，养身心之优”为宗旨。酒店建筑风格为东南亚风格，兼有五指山区富有传统和民族特色的船型屋与吊脚楼等建筑形式。

五指山，耸立于海南岛的中部，海南先贤丘濬曾作《五指山诗》云：“五峰如指翠相连，撑起炎荒半壁天。夜盥银河摘星斗，朝探碧落弄云烟。雨余玉笋空中现，月出明珠掌上悬。岂是巨灵伸一臂，遥从海外数中原。”丘濬遥从海外数中原数到了何人？东坡定在其中。东坡先生与其父苏洵、其弟苏辙并称为“三苏”，父子三人都名列唐宋八大家之中。一直以来，三苏的文艺作品与家教家风都引人羡慕与学习。

海南热带雨林国家公园以五指山为主体，区划总面积 4269 平方公里，是海南省重要的生态安全屏障，热带雨林风景区是其主要组成部分。

“三月三”节历史悠久，源远流长，宋代史籍就有与之相关的记录。宋范成大《桂海虞衡志》云：“春则秋千会，邻峒男女装束来游，携手并肩，互歌互答，名曰作剧。”自古以来，每年农历三月初三，黎族、苗族人民都会身着节日盛装，携带山兰米酒、竹筒米饭，从四面八方赶来集会，祭拜始祖，对歌、跳舞、吹奏乐器，欢庆佳节，青年男女更是借节狂欢，直至黎明。

业泰雨林内的三月三广场能举办音乐会，还能露营。

东坡的旅行笔记·五指山篇

附近美食店铺分享

海南菜

- 牛庄
- 翠城酒家
- 好再来酒家
- 民族风味园
- 光哥炒冰清补凉
- 翡翠老鸭店
- 五指山水满黎乡有约农家饭店
- 自家人餐厅（五指山路店）

黎苗族传统长桌宴

黎苗族传统长桌宴是黎苗族宴席最高形式和最隆重的礼仪，已有几千年的历史文化。如今，长桌宴已成为黎苗族地区常见的宴席。每逢长桌宴起，十里八村的乡亲闻讯纷纷赶来，无需设宴者邀请，大家自带美酒、自带菜肴，摆放在碧绿的芭蕉叶上，与主人同庆喜事，或者分担忧伤。长桌宴，重要的不是酒席，而是其中真挚的感情。

特色美食

交通说明

地址：

海南省五指山市雅宾区

亚泰雨林酒店

- 黎家食府
- 春歌酒家
- 亚泰雨林酒店-国香阁中餐厅

亚泰东坡肉

亚泰1号东坡酸汤鱼

东坡红菜小河虾

亚泰
东坡美食

东坡蒸白黄鸡

附近景点

五指山国家自然保护区

海南省民族博物馆

五指山水满河热带雨林风景区

五指山红峡谷大漂流

太平山瀑布

注：以上具体信息以实际为准

老夫来
吃席~

保亭 神玉岛

神玉岛，全名毛真水库（神玉岛）水利风景区，位于海南省保亭黎族苗族自治县，是全球首家以山水雨林为展厅的中华玉器艺术馆，是国家水利风景区。

东坡先生对大禹这位治水前辈非常崇敬，屡次在文章中提及，包括对大禹事迹的考辨、功业的称颂以及治水方法的推崇等。

神玉艺术馆中藏有“白玉夜游赤壁山子”玉雕，雕刻出东坡先生与他的挚友黄庭坚、佛印同游赤壁的一幅“赤壁夜游图”。

东坡故事

东坡先生被贬黄州时，多次游览赤壁，接连写下历史名作《前赤壁赋》《后赤壁赋》以及《念奴娇·赤壁怀古》，流传千古。

东坡的旅行笔记·保亭篇

附近美食店铺分享

神玉
东坡美食

神玉酒香东坡肉

东坡豆腐野菜煲

神玉东坡肘子

神玉酒香东坡肉除了花雕黄酒以外还加入了海南本地特产山兰米酒，以及海南特色酸菜烹制而成，使菜品的酒香更浓郁、色泽更明亮、口味更多元。

东坡豆腐野菜煲在传统做法中加入了海南本地特色革命菜，使其口感更加丰富，味道更鲜明，风味独特。

神玉堂中餐厅创新融合，在东坡肘子中加入自制糍粑辣椒和海南酸笋，使其风味更佳，突出酸味及辣味，更具海南风味，别具一格。

读一本东坡书，在茶中与东坡先生相会

东坡
下午茶

交通说明

地址：

海南省保亭黎族苗族自治县响水镇毛真水库

附近餐厅

- 神玉岛度假酒店·神玉堂中餐厅
- 神玉岛度假酒店·璞玉餐厅

本地老饕推荐

- 丰园鹅肉店
- 七仙农乐乐
- 大婶清补凉
- 脏鸭子农家乐
- 阿清嫂农家乐（七仙岭店）
- 博旺甜品坊（万平嘉园店）
- 南大门田园土鸡馆（呀诺达店）
- 七仙岭君澜度假酒店·桃源小馆中餐厅

附近景点

七仙岭温泉国家森林公园

海南槟榔谷黎苗文化旅游区

保亭茶溪谷景区

保亭黎族苗族自治县民族博物馆

海南保亭毛感千龙洞

呀诺达雨林文化旅游区

琼崖古城

注：以上具体信息以实际为准

三亚 落笔洞

落笔洞遗址，位于海南省三亚市吉阳区荔枝沟东北部的落笔峰南侧，是形成于旧石器时代晚期向新石器时代早期过渡时期的洞穴遗迹，有上万年历史，具有很高的历史文化价值。

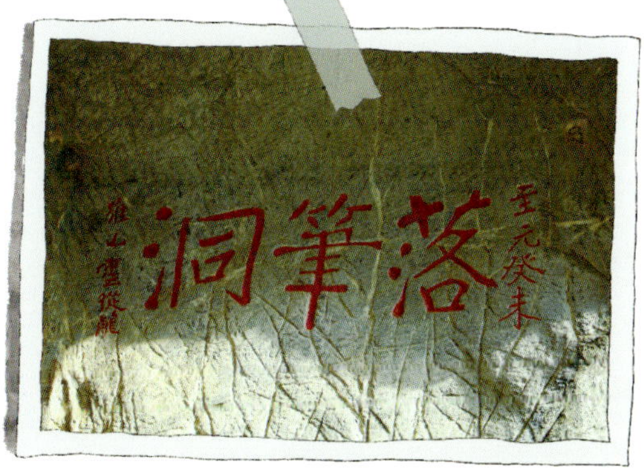

壁间有“落笔洞”三字，据考证题于至元癸未年（1283），至今700多年，为元代云从龙所题。

传说东坡先生将自己的笔丢入洞中，形成了落笔石的景观。然而东坡先生并未到过此处，难不成是他从百里之外的儋州投笔成石？

三亚　悦澜湾君澜

东坡故事

东坡先生素来爱竹，他画竹咏竹，曾写下“可使食无肉，不可居无竹”的诗句，可见他对于竹子的喜爱之情。

听说这里有老夫喜爱的竹林

东坡诗文

於潜僧绿筠轩

可使食无肉　不可居无竹
无肉令人瘦　无竹令人俗
人瘦尚可肥　俗士不可医
旁人笑此言　似高还似痴
若对此君仍大嚼　世间那有扬州鹤

悦澜湾君澜，内有东坡非遗竹林，设有东坡下午茶，配有茶百戏、东坡酥饼等。

东坡的旅行笔记·三亚篇

附近美食店铺分享

海南菜

- 林姐香味海鲜·三亚老字号（亚龙湾店）
- 海岛院子·海南菜·海鲜（三亚湾店）
- 一块豆腐私房菜
- 琼乡阁·正宗海南菜
- 椰小鸡·椰子鸡
- 萌哒哒椰子鸡
- 鹿滩海景花园餐厅（椰梦长廊店）

甜品

- 丽娜甜品店（第一市场店）
- 阿菊冷饮店（第一市场店）
- 郑阿婆清补凉

其他菜系

- 云尚餐厅
- 渔村炸鸡店（渔村路店）
- 芬芳食档

附近景点

三亚千古情景区

西岛渔村

三亚亚特兰蒂斯水世界

亚龙湾热带天堂森林公园

鹿回头风景区

大东海旅游区

天涯海角游览区

三亚南山文化旅游区

附近住宿

三亚亚龙湾万豪度假酒店

三亚美高梅度假酒店

三亚半岭温泉中心

三亚柏栎度假酒店

久悦生活美宿

注：以上具体信息以实际为准

交通说明

地址：

海南省三亚市吉阳区学院路

注：此景点目前不对外开放

公共交通推荐：

6路、7路、21路、37路

交通说明

地址：

海南省三亚市吉阳区大茅西路2号

自驾停车推荐：

红沙海滨大道北侧停车点

六月二十日夜渡海

参横斗转欲三更
苦雨终风也解晴
云散月明谁点缀
天容海色本澄清
空余鲁叟乘桴意
粗识轩辕奏乐声
九死南荒吾不恨
兹游奇绝冠平生

附录 东坡海南诗词精选

立春

减字木兰花·立春

春牛春杖。无限春风来海上。便与春工。染得桃红似肉红。
春幡春胜。一阵春风吹酒醒。不似天涯。卷起杨花似雪花。

雨水

上元夜过赴儋守召独坐有感

使君置酒莫相违，守舍何妨独掩扉。
静看月窗盘蜥蜴，卧闻风幔落伊威。
灯花结尽吾犹梦，香篆消时汝欲归。
搔首凄凉十年事，传柑归遗满朝衣。

五色雀

海南有五色雀，常以两绛者为长，进止必随焉，俗谓之凤凰云。久旱而见辄雨，潦则反是。吾卜居儋耳城南，尝一至庭下，今日又见之进士黎子云及其弟威家。既去，吾举酒祝曰：“若为吾来者，当再集也。”已而果然，乃为赋诗。

粲粲五色羽，炎方凤之徒。青黄缟玄服，翼卫两绂朱。
仁心知闵农，常告雨霁符。我穷惟四壁，破屋无瞻乌。
惠然此粲者，来集竹与梧。锵鸣如玉佩，意欲相嬉娱。
寂寞两黎生，食菜真臞儒。小圃散春物，野桃陈雪肤。
举杯得一笑，见此红鸾雏。高情如飞仙，未易握粟呼。
胡为去复来，眷眷岂属吾。回翔天壤间，何必怀此都。

惊蛰

以黄子木拄杖为子由生日之寿

灵寿扶孔光，菊潭饮伯始。虽云闲草木，岂乐蒙此耻。
一时偶收用，千载相瘢痏。海南无嘉植，野果名黄子。
坚瘦多节目，天材任操倚。嗟我始剪裁，世用或缘此。
贵从老夫手，往配先生几。相从归故山，不愧仙人杞。

春分

沉香山子赋

古者以芸为香，以兰为芳。以郁鬯为祼，以脂萧为焚。以椒为涂，以蕙为薰。杜衡带屈，菖蒲荐文。麝多忌而本膻，苏合若芗而实荤。嗟吾知之几何，为六入之所分。方根尘之起灭，常颠倒其天君。每求似于仿佛，或鼻劳而妄闻。独沉水为近正，可以配薝蔔而并云。矧儋崖之异产，实超然而不群。既金坚而玉润，亦鹤骨而龙筋。惟膏液之内足，故把握而兼斤。顾占城之枯朽，宜爨釜而燎蚊。宛彼小山，巉然可欣。如太华之倚天，象小孤之插云。往寿子之生朝，以写我之老勤。子方面壁以终日，岂亦归田而自耘，幸置此于几席，养幽芳于帨帉。无一往之发烈，有无穷之氤氲。盖非独以饮东坡之寿，亦所以食黎人之芹也。

清明

海南人不作寒食，而以上巳上冢。予携一瓢酒寻诸生，皆出矣，独老符秀才在，因与饮至醉。符，盖儋人之安贫守静者也

老鸦衔肉纸飞灰，万里家山安在哉。
苍耳林中太白过，鹿门山下德公回。
管宁投老终归去，王式当年本不来。
记取城南上巳日，木棉花落刺桐开。

谷雨

众妙堂记

眉山道士张易简教小学，常百人，予幼时亦与焉。居天庆观北极院，予盖从之三年。谪居海南，一日梦至其处，见张道士如平昔，汛治庭宇，若有所待者，曰："老先生且至。"其徒有诵《老子》者曰："玄之又玄，众妙之门。"予曰："妙一而已，容有众乎？"道士笑曰："一已陋矣，何妙之有？若审妙也，虽众可也。"因指洒水、薙草者曰："是各一妙也。"予复视之，则二人者手若风雨，而步中规矩，盖涣然雾除，霍然云散。予惊叹曰："妙盖至此乎！庖丁之理解，郢人之鼻斫，信矣。"二人者释技而上，曰："子未睹真妙，庖、郢非其人也，是技与道相半，习与空相会，非无挟而径造者也。子亦未见夫蜩与鸡乎？夫蜩登木而号，不知止也；夫鸡俯首而啄，不知仰也。其固也如此。然至蜕与伏也，则无视无听，无饥无渴，默化于荒忽之中，候伺于毫发之间，虽圣智不及也。是岂技与习之助乎？"二人者出。道士曰："子少安，须老先生至而问焉。"二人者顾曰："老先生未必知也。子往见蜩与鸡而问之，可以养生，可以长年。”

广州道士崇道大师何德顺，学道而至于妙者也，作堂，榜曰“众妙”。以书来海南，求文以记之。予不暇作也，独书梦中语以示之。戊寅三月十五日，蜀人苏轼书。

立夏

十八大阿罗汉颂

蜀金水张氏，画十八大阿罗汉。轼谪居儋耳，得之民间。海南荒陋，不类人世，此画何自至哉！久逃空谷，如见师友，乃命过躬易其装标，设灯涂香果以礼之。张氏以画罗汉有名唐末，盖世擅其艺。今成都僧敏行，其玄孙也。梵相奇古，学术渊博，蜀人皆曰："此罗汉化生其家也。"轼外祖父程公，少时游京师，还，遇蜀乱，绝粮不能归，困卧旅舍。有僧十六人往见之，曰："我，公之邑人也。"各以钱二百贷之，公以是得归，竟不知僧所在。公曰："此阿罗汉也。"岁设大供四。公年九十，凡设二百余供。今轼虽不亲睹至人，而困厄九死之余，鸟言卉服之间，获此奇胜，岂非希阔之遇也哉？乃各即其体像，而穷其思致，以为之颂。

第一尊者，结跏正坐，蛮奴侧立。有鬼使者，稽颡于前，侍者取其书通之。颂曰：

月明星稀，孰在孰亡。煌煌东方，惟有启明。
咨尔上座，及阿阇黎。代佛出世，惟大弟子。

第二尊者，合掌趺坐，蛮奴捧牍于前。老人发之，中有琉璃器，贮舍利十数。颂曰：

佛无灭生，通塞在人。墙壁瓦砾，谁非法身。
尊者敛手，不起于坐。示有敬耳，起心则那。

第三尊者，抹乌木养和，正坐。下有白沐猴献果，侍者执盘受之。颂曰：

我非标人，人莫吾识。是雪衣者，岂具眼只。
方食知献，何愧于猿。为语柳子，勿憎王孙。

第四尊者，侧坐，屈三指答胡人之问。下有蛮奴捧函，童子戏捕龟者。颂曰：

彼问云何，计数以对。为三为七，莫有知者。
雷动风行，屈信指间。汝观明月，在我指端。

第五尊者，临渊涛，抱膝而坐。神女出水中，蛮奴受其书。颂曰：

形与道一，道无不在。天宫鬼府，奚往而碍。
婉彼奇女，跃于涛泷。神马尻舆，摄衣从之。

第六尊者，右手支颐，左手拊稚狮子，顾视侍者择瓜而剖之。颂曰：

手拊雏猊，目视瓜献。甘芳之意，若达于面。

六尘并入，心亦遍知。即此知者，为大摩尼。

第七尊者，临水侧坐。有龙出焉，吐珠其手中。胡人持短锡杖,蛮奴捧钵而立。颂曰：

我以道眼，为传法宗。尔以愿力，为护法龙 。

道成愿满，见佛不怍。尽取玉函，以畀思邈。

第八尊者，并膝而坐，加肘其上。侍者汲水过前，有神人涌出于地，捧盘献宝。颂曰：

尔以舍来，我以慈受。各获其心，宝则谁有。

视我如尔，取与则同。我尔福德，如四方空。

第九尊者，食已襆钵，持数珠，诵咒而坐。下有童子，构火具茶，又有埋筒注水莲池中者。颂曰：

饭食已异，襆钵而坐。童子茗供，吹籥发火。

我作佛事，渊乎妙哉。空山无人，水流花开。

第十尊者，执经正坐。有仙人侍女焚香于前。颂曰：

飞仙玉洁，侍女云眇。稽首炷香，敢问至道。

我道大同，有觉无修。岂不长生，非我所求。

第十一尊者，趺坐焚香。侍者拱手，胡人捧函而立。颂曰：

前圣后圣，相喻以言。口如布谷，而意莫传。

鼻观寂如，诸根自例。孰知此香，一炷千偈。

第十二尊者，正坐入定枯木中。其神腾出于上，有大蟒出其下。颂曰：

默坐者形，空飞者神。二俱非是，孰为此身?

佛子何为，怀毒不巳。愿解此相，问谁缚尔。

第十三尊者，倚杖垂足侧坐。侍者捧函而立，有虎过前，有童子怖匿而窃窥之。颂曰：

是与我同，不噬其妃。一念之差，堕此髬髵。

导师悲愍，为尔颦叹。以尔猛烈，复性不难。

第十四尊者，持铃杵，正坐诵咒。侍者整衣于右，胡人横短锡跪坐于左。有虬一角，若仰诉者。颂曰：

彼髯而虬，长跪自言。特角亦来，身移怨存。

以无言音，诵无说法。风止火灭，无相仇者。

第十五尊者，须眉皆白，袖手趺坐。胡人拜伏于前，蛮奴手持拄杖，侍者合掌而立。颂曰：

闻法最先，事佛亦久。耄然众中，是大长老。

薪水井臼，老矣不能。摧伏魔军，不战而胜。

第十六尊者，横如意趺坐。下有童子发香篆，侍者注水花盆中。颂曰：

盆花浮红，篆烟缭青。无问无答，如意自横。

点瑟既希，昭琴不鼓。此间有曲，可歌可舞。

第十七尊者，临水侧坐，仰观飞鹤。其一既下集矣，侍者以手拊之。有童子提竹篮，取果实投水中。颂曰：

引之浩茫，与鹤皆翔。藏之幽深，与鱼皆沉。

大阿罗汉，入佛三昧。俯仰之间，再拊海外。

第十八尊者，植拂支颐，瞪目而坐。下有二童子，破石榴以献。颂曰：

植拂支颐，寂然跏趺。尊者所游，物之初耶。

闻之于佛，及吾子思。名不用处，是未发时。

佛灭度后，阎浮提众生刚狠自用，莫肯信人。故诸贤圣皆隐不现，独以像设遗言，提引未悟，而峨眉、五台、庐山、天台犹出光景变异，使人了然见之。轼家藏十六罗汉像，每设茶供，则化为白乳，或凝为雪花、桃李、芍药，仅可指名。或云：罗汉慈悲深重，急于接物，故多现神变。傥其然乎？今于海南得此十八罗汉像，以授子由弟。使以时修敬，遇夫妇生日，辄设供以祈年集福，并以前所作颂寄之。子由以二月二十日生，其妇德阳郡夫人史氏，以十一月十七日生。是岁中元日题。

小满

五君子说

齐、鲁、赵、魏桑者，衣被天下。蚕既登簇，缫者如救火避寇，日不暇给，而蛹已眉羽矣。故必以盐杀之，蛹死而丝亦韧。缫既毕绪，蛹亦煮熟，如啖蚳蝝。瓮中之液，味兼盐蛹，投以刺瓜、芦菔，以为荠腊，久而助醢，醢亦几半天下。吾久居南荒，每念此味。今日复见一洺州人，与论蒸饼之美，浆水、粟米饭之快，若复加以关中不拓，则此五君子者，真可与相处至老死也。元符三年四月十五日。

芒种

桄榔庵铭

东坡居士，谪于儋耳，无地可居，偃息于桄榔林中，摘叶书铭，以记其处。

九山一区，帝为方舆。神尻以游，孰非吾居。百柱屃赑，万瓦披敷。上栋下宇，不烦兵夫。日月旋绕，风雨扫除。海氛瘴雾，吞吐吸呼。蝮蛇魑魅，出怒入娱。习若堂奥，杂处童奴。东坡居士，强安四隅。以动寓止，以实托虚。放此四大，还于一如。东坡非名，岷峨非庐。须髯不改，示现毗卢。无作无止，无欠无余。生谓之宅，死谓之墟。三十六年，吾其舍此，跨汗漫而游鸿濛之都乎？

新居

朝阳入北林，竹树散疏影。短篱寻丈间，寄我无穷境。
旧居无一席，逐客犹遭屏。结茅得兹地，翳翳村巷永。
数朝风雨凉，畦菊发新颖。俯仰可卒岁，何必谋二顷。

夏至

真一酒歌

布算以步五星，不如仰观之捷；吹律以求中声，不如耳齐之审。铅汞以为药，策易以候火，不如天造之真也。是故神宅空乐出虚蹋踦者以气升，孰能推是类以求天造之药乎？于此有物，其名曰真一。远游先生方治此道，不饮不食，而饮此酒，食此药，居此堂。予亦窃其一二，故作真一酒歌，其词曰：

室中细茎插天芒，不生沮泽生陵冈。
涉阅四气更六阳，森然不受螟与蝗。
飞龙御月作秋凉，苍波改色屯云黄。
天旋雷动玉尘香，起溲十裂照坐光。
跏趺牛噍安且详，动摇天关出琼浆。
壬公飞空丁女藏，三伏遇井了不尝。
酿为真一和而庄，三杯俨如侍君王。
湛然寂照非楚狂，终身不入无功乡。

小暑

天庆观乳泉赋

阴阳之相化，天一为水。六者其壮，而一者其稚也。夫物老死于坤，而萌芽于复。故水者，物之终始也。意水之在人寰也，如山川之蓄云，草木之含滋，漠然无形而为往来之气也。为气者水之生，而有形者其死也。死者咸而生者甘。甘者能往能来，而咸者一出而不复返，此阴阳之理也。吾何以知之？盖尝求之于身而得其说。凡水之在人者，为汗、为涕、为洟、为血、为溲、为泪、为矢、为涎、为沫，此数者，皆水之去人而外骛，然后肇形于有物，皆咸而不能返。故咸者九而甘者一。一者何也？唯华池之真液，下涌于舌底，而上流于牙颊，甘而不坏，白而不浊，宜古之仙者以是为金丹之祖，长生不死之药也。今夫水之在天地之间者，下则为江湖井泉，上则为雨露霜雪，皆同一味之甘，是以变化往来，有逝而无竭。故海洲之泉必甘，而海云之雨不咸者，如泾渭之不相乱，河济之不相涉也。若夫四海之水，与凡出盐之泉，皆天地之死气也。故能杀而不能生，能槁而不能浃也。岂不然哉？吾谪居儋耳，卜筑城南，邻于司命之宫。百井皆咸，而醪醴湩乳，独发于宫中，给吾饮食酒茗之用，盖沛然而无穷。吾尝中夜而起，挈瓶而东。有落月之相随，无一人而我同。汲者未动，夜气方归。锵琼佩之落谷，滟玉池之生肥。吾三咽而遄返，惧守神之诃讥。却五味以谢六尘，悟一真而失百非。信飞仙之有药，中无主而何依。渺松乔之安在，犹想像于庶几。

大暑

和陶《止酒》

丁丑岁予谪南海，子由亦贬雷州。五月十一日相遇于藤，同行至雷，六月十一日相别渡海。余时病痔呻吟，子由亦终夕不寐。因诵渊明诗劝余止酒，乃和原韵，因以赠别，庶几真止矣。

时来与物逝，路穷非我止。与子各意行，同落百蛮里。
萧然两别驾，各携一稚子。子室有孟光，我室惟法喜。
相逢山谷间，一月同卧起。茫茫海南北，粗亦足生理。
劝我师渊明，力薄且为己。微痾坐杯酌，止酒则瘳矣。
望道虽未济，隐约见津涘。从今东坡室，不立杜康祀。

别海南黎民表

我本海南民，寄生西蜀州。忽然跨海去，譬如事远游。
平生生死梦，三者无劣优。知君不再见，欲去且少留。

六月二十日夜渡海

参横斗转欲三更，苦雨终风也解晴。
云散月明谁点缀，天容海色本澄清。
空余鲁叟乘桴意，粗识轩辕奏乐声。
九死南荒吾不恨，兹游奇绝冠平生。

立秋

儋耳山

突兀隘空虚，他山总不如。君看道旁石，尽是补天余。

处暑

和陶《连雨独饮》

吾谪海南，尽卖酒器，以供衣食。独有一荷叶杯，工制美妙，留以自娱。乃和渊明《连雨独饮》二首。

其一

平生我与尔，举意辄相然。岂止磁石针，虽合犹有间。
此外一子由，出处同偏仙。晚景最可惜，分飞海南天。
纠缠不吾欺，宁此忧患先。顾引一杯酒，谁谓无往还。
寄语海北人，今日为何年。醉里有独觉，梦中无杂言。

其二

阿堵不解醉，谁欤此颓然。误入无功乡，掉臂嵇阮间。
饮中八仙人，与我俱得仙。渊明岂知道，醉语忽谈天。
偶见此物真，遂超天地先。醉醒可还酒，此觉无所还。
清风洗徂暑，连雨催丰年。床头伯雅君，此子可与言。

白露

观棋

予素不解棋，尝独游庐山白鹤观，观中人皆阖户昼寝，独闻棋声于古松流水之间。意欣然喜之，自尔欲学，然终不解也。儿子过乃粗能者，儋守张中日从之戏，予亦隅坐竟日，不以为厌也。

五老峰前，白鹤遗址。长松荫庭，风日清美。
我时独游，不逢一士。谁欤棋者，户外屦二。
不闻人声，时闻落子。纹枰坐对，谁究此味。
空钩意钓，岂在鲂鲤。小儿近道，剥啄信指。
胜固欣然，败亦可喜。优哉游哉，聊复尔耳。

秋分

西江月

世事一场大梦，人生几度秋凉。夜来风叶已鸣廊。看取眉头鬓上。
酒贱常愁客少，月明多被云妨。中秋谁与共孤光，把盏凄然北望。

寒露

黎檬子

吾故人黎錞，字希声，治《春秋》，有家法，欧阳文忠公喜之。然为人质木迟缓，刘贡父戏之为“黎檬子”。以谓指其德，不知果木中真有是也。一日，联骑出，闻市人有唱是果鬻之者，大笑，几落马。今吾谪海南，所居有此木，霜实累累。然二君皆已入鬼录。坐念故友之风味，岂可复见！刘固不泯于世者，黎亦能文守道不苟随者也。

霜降

和陶《九日闲居》

明日重九，雨甚，展转不能寐。起索酒，和渊明一篇，醉熟昏然，殆不能佳也。

九日独何日，欣然惬平生。四时靡不佳，乐此古所名。
龙山忆孟子，栗里怀渊明。鲜鲜霜菊艳，溜溜糟床声。
闲居知令节，乐事满余龄。登高望云海，醉觉三山倾。
长歌振履商，起舞带索荣。坎坷识天意，淹留见人情。
但愿饱粳稌，年年乐秋成。

书海南风土

岭南天气卑湿，地气蒸溽，而海南为甚。夏秋之交，物无不腐坏者。人非金石，其何能久。然儋耳颇有老人，年百余岁者，往往而是，八九十者不论也。乃知寿夭无定，习而安之，则冰蚕火鼠，皆可以生。吾尝湛然无思，寓此觉于物表，使折胶之寒，无所施其冽，流金之暑，无所措其毒，百余岁岂足道哉！彼愚老人者，初不知此特如蚕鼠生于其中，兀然受之而已。一呼之温，一吸之凉，相续无有间断，虽长生可也，庄子曰：“天之穿之，日夜无隙，人则固塞其窦。”岂不然哉。九月二十七日，秋霖雨不止，顾视帏帐，有白蚁升余，皆已腐烂，感叹不已。信手书。时戊寅岁也。

立冬

书杜子美诗后

“夔州处女发半华，四十五十无夫家。更遭丧乱嫁不售，一生抱恨长咨嗟。土风坐男使女立，男当门户女出入。十有八九负薪归，卖薪得钱当供给。至老双鬟只垂颈，野花山叶银钗并。筋力登危集市门，死生射利兼盐井。面妆手饰杂啼痕，地褊衣寒困石根。

若道巫山女粗丑，何得此有昭君村？”海南亦有此风。每诵此诗，以谕父老，然亦未易变其俗也。元符二年闰九月十七日。

小雪

与姜唐佐秀才

二

某启：昨日辱夜话，甚慰孤寂。示字，承起居安胜。奇荈佳惠，感服至意，当同啜也。适睡，不即答，悚息。某顿首。

三

今日雨霁，尤可喜。食已，当取天庆观乳泉泼建茶之精者，念非君莫与共之。然早来市中无肉，当共啖菜饭耳。不嫌，可只今相过。某启上。

四

适写此简，得来示，知巡检有会，更不敢邀请。会若散早，可来啜茗否？酒、面等承佳惠，感愧感愧！来早饭必如诺。十月十五日白。

大雪

次韵子由月季花再生

幽芳本长春，暂瘁如蚀月。且当付造物，未易料枯枿。
也知宿根深，便作紫笋茁。乘时出婉娩，为我暖栗冽。
先生早贵重，庙论推英拔。而今城东瓜，不记召南茇。
陋居有远寄，小圃无阔蹑。还为久处计，坐待行年匝。
腊果缀梅枝，春杯浮竹叶。谁言一萌动，已觉万木活。
聊将玉蕊新，插向纶巾折。

献蚝帖

己卯冬至前二日，海蛮献蚝，剖之，得数升肉与浆，入水，与酒并煮，食之甚美，未始有也。又取其大者，炙熟，正尔啖嚼，又益□煮者。海国食□蟹□螺八足鱼，岂有献□？每戒过子慎勿说，恐北方君子闻之，争欲为东坡所为，求谪海南，分我此美也。

冬至

阮籍

“世之所谓君子者，惟法是修，惟礼是克。手执圭璧，足履绳墨。行欲为目前检，言欲为无穷则。少称乡党，长闻邻国。上欲图三公，下不失九州牧。独不见夫群虱之处裈中乎？逃乎深缝，匿乎败絮，自以为吉宅也。行不敢离缝际，动不敢出裈裆，自以为得绳墨也。然炎丘火流，焦邑灭都，群虱处裈中不能出也。君子之处域内，何异夫虱之裈中乎？”此阮籍之胸怀本趣也。籍未尝臧否人物，口不及世事。然礼法之士，疾之如仇雠，独赖司马景王保持之尔，其去死无几。以此论之，亦虱之出入往来于衣裈中间者也，安能笑裈中之藏乎？吾故书之，以为将来君子一笑。戊寅冬至日。

用过韵冬至与诸生饮酒

小酒生黎法，干糟瓦盎中。芳辛知有毒，滴沥取无穷。
冻醴寒初泫，春醅暖更饛。华夷两尊合，醉笑一欢同。
里闬峨山北，田园震泽东。归期那敢说，安讯不曾通。
鹤鬓惊全白，犀围尚半红。愁颜解符老，寿耳斗吴翁。
得谷鹅初饱，亡猫鼠益丰。黄姜收土芋，苍耳斫霜丛。
儿瘦缘储药，奴肥为种菘。频频非窃食，数数尚乘风。
河伯方夸若，灵娲自舞冯。归途陷泥淖，炬火燎茅蓬。
膝上王文度，家传张长公。和诗仍醉墨，戏海乱群鸿。

小寒

与参寥子

颖沙弥书迹巉耸可畏，他日真妙总门下龙象也，老夫不复止以诗句字画期之矣。老师年纪不小，尚留情句画间为儿戏事耶？然此回示诗，超然真游戏三昧也。居闲，不免时时弄笔。见索书字要楷法，辄往数篇，终不甚楷也。只一读了，付颖师收，勿示余人也。雪浪斋诗尤奇玮，感激感激！转海相访，一段奇事。但闻海舶遇风，如在高山上坠深谷中，非愚无知与至人，皆不可处。胥靡遗生，恐吾辈不可学。若是至人无一事，冒此险做甚么？千万勿萌此意。颖师喜于得预乘桴之游耳，所谓无所取材者，其言不可听，切切！相知之深，不可不尽道其实尔。自揣余生，必须相见，公但记此言，非妄语也。轼再拜。

大寒

与程全父

某启：久不得毗陵信，如闻浙中去岁不甚熟，曾得家信否？彼土出药否？有易致者，不拘名物，为寄少许。此间举无有，得者即为希奇也。间或有粗药，以授病者，入口如神，盖未尝识尔。

注：东坡海南诗词精选中对应的节气时间，是以诗文的创作时间，并结合宋朝万年历整理而成，仅供参考。

打卡蓋章區